통증일기

통／증／일／기

박정숙 시집

| 작가의 말 |

마음이 술렁거리면
일기장을 펼친다.
깊은 슬픔이나 기쁨
매정함과 환대 속을 오가며
왠지 모를 통증으로 체감되던 날들,
통증은 그런 날 더 크게 일어나
나를 찌르며 일기를 쓰게 했다.

부끄럽지만 그 글들을 묶어
시집으로 내놓으니 가슴이 일렁이고
한편으론 무언가 한 가지를
매듭진 것 같아 안도하게 된다.

어린 시절 처음 미끄럼 타던 날
올라가며 벌벌 떨며 울고
내려오지 못해 울다가
누군가 등 떠밀어 내려왔을 때
궁둥이 툭툭 털며 씽긋 웃었던
그날처럼.

2025년 6월
박정숙

차 례

작가의 말　　　　　　　　　　　　　5

1부
잊지 마　　　　　　　　　　　　　11

배워야겠습니다　　　　　　　　　13
시인이 아니다　　　　　　　　　　14
잊지 마　　　　　　　　　　　　　16
통증　　　　　　　　　　　　　　17
내가 없어도　　　　　　　　　　　19
나는 지금 아프다　　　　　　　　　20
그냥　　　　　　　　　　　　　　22
마르지 않을 눈물　　　　　　　　　23
개 같은 세상　　　　　　　　　　　25
자화상　　　　　　　　　　　　　27
기왕이면　　　　　　　　　　　　29
망자의 유서　　　　　　　　　　　31
폭우　　　　　　　　　　　　　　34
오해　　　　　　　　　　　　　　35
꿈길에서　　　　　　　　　　　　36

2부
밑바닥에서　　　　　　　　　　　39

앞집 할머니　　　　　　　　　　　41
대학로 노숙 예수　　　　　　　　　43
다리에게　　　　　　　　　　　　46

농부님께 구하는 용서	47
쓸쓸한 그것	49
반란의 이유	51
빌딩 그림자 속의 숨은 그림	53
불치	55
고까운 내 세상	57
피눈물	59

3부
당신이 내게 오던 날   61

봄이로되	63
당신이 내게 오던 날	65
상도동 159번지 2003년 겨울	67
동화(同化)	70
우리 동네	72
어느 날 저녁	74
비 오시는 날	75
드난살이—돈이라	78
보물	79
한숨	80
가난한 것은 1	82
가난한 것은 2	83
모른다 1	84
모른다 2	86
인사해요	88
삶	90
힘내라 인생아	91

관계 중독	93
회식	95
건망증 편지	97
술	99
나이 쉰의 성찰	101
유년의 꿈	103
진정 중요한 것	105
연말 그 지점	107
소주 한 잔	109
돌팔매	110
그리움에게	111

4부
살아야 한다면   113

벽	115
애증	116
고백	117
살아야 한다면	118
세상	120
빨간 입술 텍사스 그녀	122
오월아	125
그렇게 가는 거라	127
역심	129
회생	132
취업 도전기	134
주머니 사정	135

5부
통증일기   137

어떤 날	139
평등	141
너로 인해	143
장애인	144
잃어버린 시간	146
헛배가 허기진다	148
살아 있다는 것은	150
사랑하면	152
그날	153
당신에게	154
통증일기	158
해설	163
추천글	185

1부

—

잊지 마

배워야겠습니다

배워야겠습니다
손톱 물어뜯지 않고
기다리는 법을

배워야겠습니다
울지 않고
그리워하는 법을

배워야겠습니다
웃으며
헤어지는 법을

배워야겠습니다
행복하게
요단강 건너는 법을

시인이 아니다

나는 시인이 아니다
다만
가슴에 불이 있을 뿐

시를 공부한 적도 없고
시 쓰는 형식도 모른다

삶이 너무 뜨거워
담고 있지 못해 토해냈을 뿐

나는 시인이 아니다
다만
가슴에 강이 흐를 뿐

맞춤법도 다 틀리고
말도 어눌하다

흐르는 물이 어지러워
주저앉아 눈물 흘릴 뿐

나는 시인이 아니다

잊지 마

이것만은 기억해 둬
쑥부쟁이 같은 세상에도
철마다 꽃은 피지

끝 모르게 엉킨 타래라도
끝은 있고
썩어질 듯 물러도
제자리가 다 있는 것

세상은 아름다운 것이 더 많지
기억해 둬
아직은 그래

통증

밤잠을 놓치면 입이 쓰다

토끼 눈처럼 붉은 핏대가
온몸을 뒤훑고 생채기를 내
잠들지 못하는 밤

엎어져 울지 못한 질고들이
골 깊은 강가를 서성이며
어쩌지 못할 쓴 뿌리를 뱉어낸다

잊히지 않는 그것과
잊어야 하는 그것들

잊으면 안 되는 그것과
기억해야 하는 그것들

아마도
오랫동안 그것을 위해
또 그것들을 위해 지켜야 할 자리

늘 있어야 할 그곳에서
핏대서는 밤을 토악질하며
울어야 할 테지

오늘은 꼭
쓰디쓴 입을 위해
달콤한 치약을 사야겠다

내가 없어도

내가 없어도
길은 거기 있고
내가 없어도
꽃이 피고 바람이 분다

내가 없어도
쉼 없는 태동으로
태어나고 죽는다

내가 있어야 할 것만 같은 이 자리에
내가 없어도 꽉 찬 세상이 돌고 있다

내가 없어도
너는
잘근거리는 인생을 뿌리며 가꾸고 있다

나는 지금 아프다

이렇게 나이가 들어
무얼 할 수 있을까

시를 쓴다는 것도
측은하기 이를 데 없고
보이는 건 가슴 쓰린 눈물뿐이다

태생이 청승맞아서 그럴까
어딜 가든 툭툭 부딪쳐오는 쉰 냄새들
비켜 가기 어려운 가난이다

공원 한 켠 오래된 정물처럼
길게 누운 그는
처음부터 거기 있던 것처럼 자연스럽다

눈을 뜨면
이천 원쯤 구걸한다
더 많은 것을 원하지도 않는다
점심 대신 들이켠 소주 한 병

뱃속 가득히 퍼지는
고리짝만 한 외로움들 삭힐 새도 없이
틈새 사이사이 차고앉은 어둠
꼬깃꼬깃 숨겨둔 자존심 한 뼘의 눈물
신문지 한 장에 낯을 가리고 눕는다

온통 냄새로 가득 찬 아스팔트
당당하게 신발 신고 톡톡 털며 걸어가는
나는 무엇을 할 수 있을는지

집채만 한 서글픔이 그림자까지 덮어 누른다

그냥

다시 묻지 마라
좋은 건
그냥 좋은 거다

사람들은
되묻기 좋아한다

왜

이유가 생각나면
이미 좋은 게 아니다

좋은 건
그냥

마르지 않을 눈물

시간 속으로 스러져 가는
청계천 사람들
무너져 내리는 것이
청계고가뿐이랴

낡은 리어카에 달린
한 가족의 밥줄도 함께 무너져
라면 한 봉지에 울고 웃는 아이들
차마 볼 수 없어

돌아서 담배 한 모금 깊이 삼키며
찢긴 마음 아비 가슴엔
피눈물이 고이고

힘겹게 지켜온 식구들 생명 자리
허망하게 빼앗길 수 없어

붉은 띠 두르고 유월 하늘 아래
투사가 되어 버린 선량한 민심

산산이 부서져 나갈 청계고가 아래

짓밟힌 도깨비시장 노점상의
낡은 리어카 끊긴 밥줄
무너진 어미의 마음도 탄다

개 같은 세상

잠시라도 힘써줄 바람이 곁에 온다면
하얀 세상을 만날 꿈을 꾼다
던져진 세상에서 이루지 못할 개꿈이라도
한 번쯤은 그러하고 싶다

한 번쯤 두 팔 휘저으며 걷고 싶다
한 번쯤 구두 신고 치마 입고 싶다
한 번쯤 친구와 대중목욕탕에 가보고 싶다
한 번쯤 좋은 사람과 바다에 가고 싶다
한 번쯤, 한 번쯤은
다른 사람들처럼 씩씩하게
다른 여자들처럼 그렇게
화장하고 치마 입고 예쁘게 보이고 싶다

욕심보다 용기 적은 비겁한 바보가
꿈을 꾸며 주먹질한다
다 나와! 빌어먹을
희망을 뭉쳐 하늘 낯짝에 던진다

가장 쉬운 평범함에서
가장 깊은 절망을 본다
가장 하찮은 사유에
가장 큰 상처가 지혈되지 않는
쓰린 가슴팍에 회칠한다

발바닥에 박힌 굳은살만큼이나
단단히 독기 오른 고집은
오늘도 하나,
천불 난 가슴에 옹이를 심는다

벗어나지 못해 죽어가는 장애, 나다
환장할 세상 왜 태어났을까
이유도 모른 채 왜 살고 있을까

빌어먹을, 혐오로 가득 찬 개 같은 세상

자화상

사실은
까마득한 절벽을
기어오르는 것 같습니다
손끝이 쓰라리고
온몸이 벌벌 떨립니다
힘없는 다리에
경련이 일어납니다

사실은
힘들고 자신 없습니다
늘 이래야 하고
저래야 합니다
늘 이러고 싶고
저러고 싶습니다

아직도 휠체어가 민망하고
아직도 크지 못한 마음 있어
슬퍼합니다

아직도 그리워 기다리고
아직도 그 사랑받고 싶습니다

곡예 하듯
하루를 잠재우는 지금

사실은
너무 버겁습니다
너무 오래 산 건 아닌지
거울을 꺼내봅니다

기왕이면

기왕이면
좀 더 살았으면 해

흉하지 않은 주름살로
세월을 이야기하고

떫은 시절은 우려내
달콤하게 삼키고파

호드득 튀기보다는
은근한 미소로
세상을 포옹하고

외로움도
슬픔도
정직하게 직면해
견딘 시간을
추억하며 칭찬하고

세상 참 좋았었지
자축하는 날까지
기왕이면
더 깊은 삶을
살뜰하게 살았으면 해

망자의 유서

내 어찌 가느냐고 묻지 마소
손 놓고 갈 적에는 눈물 콧물 찍었어도
치마끈 풀어놓고 돌아선 길
싫지만은 않습디다

똥 밭을 굴러도 이승만 못하다는 저승길
허망하고 외롭다 해도
어차피 한번 지나칠 길 먼저 갔다 서러워 마소
생각하면 긴 날 짧은 밤이었소
부귀영화 내 것 아니어도
꽃길에 호의호식 없었어도
아옹다옹 사랑하며 기식했으니
이 아니 고맙소

간다 간다 가야 할 길 가봐야 아느니
어찌 가느냐고 묻지 마소
산 가슴에 오래 두지 말고
너무 깊이 묻지도 마소
초행길에 홀로 나섰어도

그리 옹색하지 않으니
훠이훠이 날아가게 마음 줄을 놓아주소

옛날 맨몸으로 울던 날부터
잘 먹고 잘 놀았으니
고마운 마음 한 움큼 쏟아주고 가려오
간다 슬퍼 마소
가야 또 오느니
오는 것에 입 맞추고
가는 것에 웃어주소

어찌하여 가느냐고 되묻지 마소
가봐야 아느니 나도 잘 모르오
다만
지워지는 것이 아니라
새로이 새겨지는 것이라 말하리다
사랑이라 이름 붙여진 모든 것에 대하여
인사하며 명찰 다는 것이라오

잘 있으오 그동안 감사했노라고 말하리다

폭우

누구일까
그일까

천지를 찢어낼 듯이
내리꽂히는 눈물

인정도 사정도 아랑곳하지 않는

매정한 인사

가진 것 다 내놓으라고 으른다

남은 것은 눈물뿐

오해

내가 이러하니
너는 저러하리
당연히 저러하리

아/니/라
고갯짓 살래살래

나는 이러한데
너는 저러하다
등 돌려 가버리네

지레짐작에 벌쭉 웃고
아/니/라
민망한 낯가려 배실배실 웃네

하늘 보며 입술에 담은 웃음
지레짐작에
흥건한 가슴이 파랗게 웃네

꿈길에서

쪽 고른 나무 길게 늘어선
숲속 오솔길로
타박타박 가고 싶다

돌멩이 틈새 비집고
기지개 켠 풀포기
팔 벌려 인사하고

홀로 걷기 힘들세라
작은 산새 숨어 울면
귀 기울여 눈길 주고

세상살이 무거움 한 가지씩
숲길 돌 틈에 묻어주고
빈 마음 되어 가벼이 가고 싶다

흐르는 땀 실바람에 날리며
향긋한 숲 냄새로
빈 가슴 가득 채워

꿈속 실낙원으로
타박타박 가고 싶다

2부

—

밑바닥에서

앞집 할머니

마치
터질 것 같은 볼따구니로
노려보는 하늘이 무섭다

성낼 것도 아닌 것에
새삼 볼멘소리를 매어 달아
오늘도 그냥 지나가질 못한다
매연이 남긴 더위 탓일 게야

부쩍 골목길에 싸움이 잦아졌다
살기 힘들어진 것이 게으름인 양
서로 삿대질하며 빈 주머니 후벼 파고

헝클어진 머리에 질끈 동여맨 수건은
주워 든 박스만큼이나 퀴퀴한데
늘 성난 가난은
텅 빈 고목의 마른 그림자처럼
밤낮 꼬리를 내밀어 까칠한 가슴에
심술보를 터뜨린다

"염병할 환장하고로 덥기는 지랄 같네"

취하지 않고는 잠들 수 없다며
화약고에 알코올을 들이붓고
성냥을 긋는다
이내 더운 세상을 사르고
붉게 타오른 심지엔
엉덩이 들썩 휘둘리는
파랑새의 노래가 쉴 새 없이
꽝꽝거리고 있었다

대학로 노숙 예수

온종일을 기다려
온종일 어둠이 내려 보이지 않을 때까지

살기 위해
누군가의 사랑이 되고

살기 위해
누군가를 사랑한다

평화를 주기 위해
예수가 이 땅에 오고
사랑하기 위해 자선냄비가 울고
피 묻은 응지의
먼지 피어오르는 뒷골목엔
소주병이 나뒹굴고
얼어붙은 손끝엔
쓰레기 고드름이 주렁거린다

때론
슬프다 하여도

때론
아프고 외로워도

은총의 노래는 가물가물
포근한 평화도 붉은 사랑도
반짝이는 별보다 높고 멀다

거리마다 사람으로 발등이 밟혀도
아무도 부르지 않는 내 이름 석 자
하도 오래 묵혀
가슴에도 머리에도 이젠 없다

메리 크리스마스
하늘엔 영광 땅에는 평화가 내리는 밤

인정 없는 뒷골목엔 매몰찬 바람만

구유도 없이 늙어가는 가난을 후려

폭식하고 겨우 남긴
낡은 구두 한 짝, 쓰레기통에 처박는다

부서진 낙엽을 모아 올리며
조롱하는 너,
메리 크리스마스

다리에게

어느 누가
나만큼 종종거리며 살았다 한들
너만큼이랴

하고 싶은 것도, 할 일도 많았지만
너만큼 고단했으랴
고운 마음 키워주지 못한 것이
누구 탓이든
오늘을 주물러 내일을 간다

힘없고 하찮아도
인생길 어제와 오늘 또 내일

누군가
병신이라 내친다 한들
기어오를 오기 가진 것이
너 말고 또 있으랴

농부님께 구하는 용서

풍년가의 시름
아직도 베어지지 못하고
들녘에 서 있는 풍년의 깃발은
허리가 꺾여 말라가고 있었다

아스팔트 위에 뿌려지는
하얀 생채기들
우리의 생명줄 밥 밥 밥

친구들 모임에서 캘리포니아 쌀이 그렇게 맛있다고
우리 쌀보다 그렇게 비싸지도 않고
그래서 그 쌀 사 먹는다고 열변을 토하길래
그 친구가 먹던 밥 빼앗아 버렸다

식당 밥은 캘리포니아 쌀 아니니까 먹지 말라고
농담 같이 말했지만 화가 나서 밥도 못 먹고
오는 길에 배고파 죽는 줄 알았다

좀 맛 없으면 어떤가
좀 비싸면 어떤가
그래도 쌀값이 제일 싸지 않은가
농사의 수고를 생각한다면
내 아버지 내 어머니 땀이 들어간
밥 먹어야 하지 않을까

이러다 쌀농사 작파해버리면
우리 명줄 수입에 의존하게 되고
결국은 비싸게 사정하며 얻어먹어야 할 텐데
참 답답하다

쌀 개방 반대 붉은 머리띠
집회하는 농부님들을 보며
마음속 깊이깊이 미안해진다

오늘도 대학로엔 집회가 열린다
내가 무엇이건
가만히 있는 나는 그들에게 빚진 자다

쓸쓸한 그것

필요치 않다는 것이다

상한 마음이 모여든
한 귀퉁이에
비켜앉은 심상

이제는 젖은 신문뭉치처럼 구겨져
쓸쓸한 것들을 회상하고
세상을 들쳐메려던 순결도
한낱 꿈에 불과해
들이마실 긴 숨을 덧없이 뱉어낸
수많은 말과 함께 삼킨다

정수리 지지는 정오
현기증에 하늘이 돌고
피 끓는 애국심
이글거리는 아스팔트 위에
출렁이는 태극기의 빛바랜 연좌

목청 돋우는 눈물
호국의 기도
교통대란에 성난 아우성
사대문 안 종로는
쓸쓸한 열기로 숨통을 조인다

한 방울 맺힘 없이 떨어져 구르는
분노에 찬 허망한 민심
이제는
아무도 동의하지 않는다는 것이다

쓸쓸한 것은
조국을 그리워하는 애국이
늙어간다는 것
그것이다

반란의 이유

자정이 훌쩍 넘었다

눅눅한 어둠이 지하 공장에 퍼지고
하나둘 사열을 마친
형광등 아래 무거운 눈꺼풀은
사력을 다해 마지막 떨림을 잠재운다

블랙커피 한잔과 박카스 한 병
배고픔도 잊고 잠도 잊었다
부어오른 다리로 밤새 미싱을 밟고
불꽃 날리는 재단 칼의 굉음은
온몸을 돌아 몽롱한 기억을 아득하게 한다

수십억의 뇌물이 오가고
무슨 무슨 커넥션 리스트가 오르내리고
명품매장은 품절 사태
삼백만 원이 넘는 밍크코트
세관 창고를 메우는 수백만 원짜리
양주 골프채 핸드백

지치지 않는 라디오는
밤을 지나 새벽까지
전설처럼 머나먼 이야기들을 쏟아내고
여자는 미싱에 손가락을 박았다
사방에 흩어지는 핏방울
울지도 않는 여자는
손가락에
미싱 기름을 붓는다

그렇게 한 달을 일해도
그녀는 명품가방 하나 들어볼 수 없었다

빌딩 그림자 속의 숨은 그림

언제나 그랬다

붉은 벽돌 담쟁이 아래
라면박스 두어 장 접어 깔고
지칠 줄 모르는 냉기라도 막아볼 참이다

리어카에 실린 보따리 몇 개가
희망조차 버거워 욕이 되는 아침
늘어진 시계추 소리만 따라 세고 있다

누렇게 자빠진 바람
소주병 서넛과 음료수 병뚜껑 속에 뒹굴고
의지로 눈뜨지 못하는 만취의 몸뚱이
그는 그것으로 춥지도 배고프지도 않다

언제였을까
저 눈동자에 꾸던 꿈이
별에 담겼던 그날
전설처럼 묘연한 화석으로 남아

어찔한 현기증이 그림자를 덮는다

고단한 시간은 빠르게 움직이고
쉴 새 없이 옷을 갈아입는데
거대한 뱃속에 갇힌 정물 같은 사내는
한 조각 양지로만 마음을 보내며
붉은 벽돌 속 한 점 퍼즐이 되어 늙는다

다시금 눈뜬 익숙한 그림 속으로
그는 잠들고
잠 깬 세상은 새벽부터 더러운 냄새가 진동하며
다시금 저 혼자 달려가기 시작한다

불치

손톱이 울퉁불퉁하게 나온다
병원 가서 의사에게 보이자
숨 돌릴 새 없이 내뱉는 말

못 고쳐요

이런 젠장

요즘 의사들 참 몰인정하다
원인도 여러 가지이고 약도 없다며
건성건성 말을 던져버린다

줄기세포 배양에 무병장수를 꿈꾸는 시대에
병든 손톱 하나 치료하지 못하는
요상한 세상

검은 봉투 하나로 문이 열리고
만병통치약이 난무하는 이 세상
난치병을 앓는 우리는

어둠을 먹고 크는 가시
독을 품어 너를 찌르며 운다

찌푸리는 만성 두통에
술잔을 기울이는 밤
내 상처는 너의 심장으로 침노해
또 다른 살인을 꿈꾸며
각본을 쓴다

'원인불명'

고까운 내 세상

쓸데없는 오지랖에 잠을 설쳤나 보다
턱 받치며 알랑대던 세월의 행각들
추억 없이 지워진 시간이 서운하고
생각만으로도 눈물 나는 까닭은
낯부끄러운 가슴이 뜨겁기 때문이리

눈 어두워
불 켜지 못하는 어눌한 인생살이
복장 터지는 세상을 걸어가며
허허로이 가지 못함은
부수지 못해 대드는
치기 어린 호기 때문이리

끝을 모르는 욕심은
끝내 슬픔이 되겠지
다 알고 있는 명제
답 없이 일어서는 격정은
초로의 가슴이 감당하기엔
무거운 시련인가

새초롬해진 마음이 서러운 것은
품고 가야 할 세미한 진실 때문이리

세상은 세월 속으로 흐르고
불 하나도 밝힐 수 없는 빈곤한 정신
고까운 내 세상은
세월을 비켜 멈춰 서 있다

피눈물

해 지던 어느 날
동네 아저씨 어슬렁어슬렁
과자봉지 흔들어 유혹하고
그 밤에 소녀는 그놈의 밥이 되었다

말할 길 없는 발달장애 여심
온몸으로 통곡해도 도대체
믿어 주지 않는 세상살이
맘대로 붙여준 이름
'모자란 병신'

너희는 말한다
불쌍하다고
가면 쓰고 깨끗한 척 삿대질하고
멍에 씌워 어둠의 나락으로 가둔다

개 같은 나라, 징그러운 세상이여

3부

당신이 내게 오던 날

봄이로되

봄바람 한 움큼 삼킨 날
한쪽 가슴에 먹먹한 응어리가 맺혔다

어느새 라일락 나무에 꽃대가 올라와
손가락인 양 벌리고 신호탄만 기다리고 섰다

늘 드나드는 골목 어귀
드문드문 잊었던
지난 4월을 속삭여준다

그렇더라도
그날의 바람 이처럼 따가웠던가
주워 담으려 해도 도무지 없고
필경 미친 바람은
오늘 일어난 발작일지 모른다

봄이로되
분홍 철쭉이 햇살 아래 거만한데

뼛속이 아려오는 것은
나이 탓만은 아닐 게다
아홉시 뉴스에 꽃 소식은
해외토픽같이 멀기만 해
눈알만 시큰거린다

당신이 내게 오던 날

젖은 신문에 돌돌 말아 쥔
장미 향기 뒷짐져 숨기고
잠든 심장 기지개로
하품 뱉어내 깨워 세수시킨다

웃음 주름 한가득 얼굴 빛나고
악수를 청하는 쑥스러운 첫인사에
선뜻, 손 내밀지 못하고
얼굴 붉혀 웃기만 한 것은

말하지 않은 속 사랑이
보일까 두려워
큰 웃음으로 대신한 것을
당신은 알지 못했었다

당신이 내게 처음 오던 날
사랑은 벌써 자리를 펼쳐 앉아
바구니를 열고 차를 끓인다

당신은 기다림의 기쁨으로
그렇게 오늘도
한 다발의 장미 향기로
뒷짐 진 채 문 앞에 서 있다

상도동 159번지 2003년 겨울

2003년 겨울
상도동 159번지

전기도 없다
온기도 없다
물도 없다
씻을 수도 없고 화장실도 없다

차가운 양철 갑옷
골리앗에 갇힌 철거민
덕지덕지 껴입은 옷으로도
파고드는 얼음장 바람 막을 길 없고

추위에 부어오른 손발
한 번의 격렬한 혈투 끝에
다친 다리 질질 끌고 망루에 올라가도
결코 포기할 수 없는 생명 둥지

어쩌다

이 겨울에 새끼들과 생이별에
한데 칼잠을 자야 했을까
어미, 아비 골리앗에 빼앗기고
그리움에 사무쳐 우는 멍든 새끼 가슴

언제쯤일까
이 전쟁이 끝나는 날은
오늘도 9시 뉴스에 귀 기울이며
어미 볼 날을 기다린다

바람 부는 망루 위
찢긴 깃발은 춤을 추고
전쟁이다
이제 남은 것은 골리앗뿐

공격이다
굴착기의 무참한 짓눌림
온몸이 폐허가 되고
찢기는 아픔보다 처절한 절규

이 겨울은 뜨거운 심장을 얼려 버렸다

공포의 밤은 가고 눈물도 잠시
아빠의 깃발은 내려올 줄 모르고
피에 젖은 아빠는
또다시 반쯤 부서진 망루에 오른다

지켜지지 않는 수많은 약속
주렁주렁 열린 빈민해방의 구호들
대안 없는 전시행정에
생명을 버리는 차상위 빈민
갈 곳 없는 철거민은 그냥 물러설 수가 없다

피붙이를 위한 방 한 칸이 필요할 뿐인 것을
아무도 모른다
뜨거운 눈물의 의미를
이 겨울 저들은 생명을 저당 잡혀 둥지를 지킨다

동화(同化)

먼 산 안개 사이로
켜켜이 둘러쳐진 능선은
태곳적 신비를 내뿜어
저절로 온몸이 열리게 한다

언제부터였을까
산골에 티눈처럼 박힌
허름한 귀틀집
진흙을 이겨 바른 낡은 집은
그 흔한 벽지도 없고
벽 바른 누런 황토는 앞산을 닮았다

하늘과 산 어느새 하나 되어
초록과 붉은 노을에 함께 숨 쉬고
단풍을 태워 백설을 뿌려
돌도 흙도 하나 되어 경계를 풀었다

귀틀집 벽 사이사이
어느새 뽀얀 입김을 올리며

새날을 알리고
한 몸이 되어버린 산하는
뜨거운 입김을 삼켜 품어 안는다

옛날 그곳엔
노인네와 산이 있었고

이젠,
그곳에 산만 있다
노인은 노을과 함께 산이 되었다

우리 동네

내가 사는 대학로에는
공연장도 많고 식당도 많다
인도엔 길거리 음식 포차가
줄줄이 서 있다
매일 없어지고 생겨나고
어제 봤던 가게가 오늘은 공사 중이다

저기 가봐야지 하곤
입구에 턱이 있는지
엘리베이터가 있는지
문의 크기와
실내에서 휠체어가 움직일 수 있는지
가게 사장님의 장애 감수성까지
살피고 알아보다 보면
시간이 많이 필요하다
내가 원하는 것, 원하는 메뉴는
언제나 맨 마지막이다

이 동네 약국이나 병원 음식점은

가는 곳만 간다
서점이나 선물 가게 신발 가게
시장 옷 가게 등은 그저 길가에서
기웃거리며 눈인사만 하고
물건은 인터넷으로 산다

새로 공사하는 가게를 유심히 봐도
역시나 턱이 있고
출입구엔 또 계단이 서너 개
여기도 못 가겠구나
툇
이렇게 맴돌며
대학로에서 40여 년 살고 있다

어느 날 저녁

족발을 샀다
막걸리 한 병 곁들여
까만 비닐봉지가 두둑하다

쫀득거리는 식감이 입안을 돌아
온몸에 전율 같은 신바람이 인다
이거 하나면 다 되는 것을
둘러앉은 식구들 움직임이 경쾌하다
삶이란 이렇게
웃고 배부른 것을
머그잔에 탁배기가 돌고
마주 보는 얼굴이 얼근하다

가족이란 이렇게
단돈 만 원에 등 따스운 것을
상추에 싸인 족발 한 점이
내 입으로 들어온다
불긋한 미소와 함께

비 오시는 날

장맛비가 오십니다
옛날 우리 할머니는
비 님이 오신다고 했습니다

귀한 손님이라
곱게 말해야 한다고 반기며
분주히 마당 곳곳 처마 밑에 모아 둔
빈 깡통들을 받쳐둡니다

해가 나면 모아 둔 빗물로
목욕도 하고 머리도 감고 빨래도 하고
마당에 뿌려 주기도 했습니다

"얼마나 고맙냐"

할머니는 말하지만
물비린내 풀풀 나는
모인 빗물로 목욕하는 게 싫어서
많이 울었던 건

끝내 모르셨습니다

계집애가 씻기 싫어한다고
참 모질게도 때리셨지요
그때는 그래서 싫었습니다

오늘 또 비가 옵니다
물 걱정 없는 요즘
우산을 쓸 수 없는 나는
비가 오면 한숨을 쉽니다

비 설거지해주실
할머니도 안 계시고
모아 둔 깡통도 없고
물 떨어질 처마도 없네요
빗물로 목욕할 일도 없는데
싫은 맘이 앞서는군요

내일 아침 출근길에

차가 밀리거나
비 맞을 일이 걱정되고
하루 벌이가 끊길까 걱정됩니다

드난살이
— 돈이라

사람살이
거기서 거기라지만
어떤 곳은
넘쳐나서 배탈이요
어떤 곳은
모자라서 배고프니

돈만 알아
속물이라 치부해도
있고 봐야 할 것이
돈이요
없어야 자유한 것 또한
돈이라

있어도 병이요
없어도 눈물이요
알다가도 모를 것이
돈이란 놈이라

보물

살면서
좋은 것을 옆에 두고도

보지 못함이 얼마인가
알지 못함이 얼마인가

고개만 돌리면
볼 수 있는 것을

생각만 바꾸면
알 수 있는 것을

찾지도 않으면서
없다고만 하네

한숨

흐르는 것은
세월이라 하자

구르며, 눈물 삼켜 지나온 뒤안길
돌아보니 언제 시작이었을지 모를
노란 꽃이 제왕처럼 웃는구나

곱던 손잔등 위로
주름진 밤이 내려앉아
따끔거리는 잔상을 남기고
성성한 껍데기만 남아
천금을 바른들
돌려받을 수 없는 청춘

청년의 때를 놓친
뱉어내지 못한 눈물
삼킬 것도 없이 말라붙어
서걱서걱 낫 자리 퍼런 흉년에 허연 가슴
핏방울 솟아 작은 숨소리에도 흔들리고

눈물 자리엔 소금덩이만 뒹굴어
마른 살을 깎아내며 피 흘린다

흐르는 것은
세월이라 해두자

얼음장 깨뜨려
빨래 비벼대던 시린 손만큼이나 춥던
신새벽 동산에 가려진 해는
다시 떠오르지 않을 줄만 알았다
시린 정수리로 바람이 들면
낮도 밤도 등 돌리고 까칠한 수심에 티끌만 날려
갈풀도 가로누워 조롱하는
박토에 뿌리내려 명줄 쳐놓은 줄 몰랐었지

그렇듯 노랗게 웃을 줄은 진정 몰랐었지

가난한 것은 1

춥지 않은 겨울은
병이 많고
이듬해 농사를 망친다지만
기름값 걱정해야 하는
나는 고맙기만 하다

얼음 얼어야 불 지피는
냉랭한 방구들
입김 뽀얀 아침이 시려
손 싹싹 비벼
볼에 대며 묻는다

따뜻하지!
붉그레 웃는 얼굴
고맙다 한다

가난한 것은 2

가난한 나는
추운 날 배고프면

더 많이 슬프다
더 많이 외롭다
더 많이 눈물 나고
더 많이 그립다

다리병신인 나는
추운 날 배고프면

더 많이 아프다
더 많이 우울하다
더 많이 보고 싶고
더 많이 죽고 싶다

추운 날 배고프면
밥보다
따뜻한 네가 더 그립다

모른다 1

모. 른. 다

내 아이는 연탄을 모른다
눈 온 다음 날 골목에
왜
연탄재를 깨뜨려 뿌리는지
내 아이는 모른다

내 아이는 연탄을 모른다
자다 일어나 추운 곳에 나가
왜
연탄을 갈아 줘야 하는지
내 아이는 모른다

내 아이는 연탄을 모른다
새끼줄에 매달린 연탄 한 장이
얼마나 소중한 눈물인지
내 아이는 모른다

내 아이는
도시가스만 안다

뜨거운 물 나오는 수도꼭지와
냄새 없는 수세식 화장실
언제든 열면
먹을 것이 그득한 냉장고
내 아이는 이것만 안다

냉수를 들이켜던 배고픔도
손등 터지는 차가움도
코를 쥐는 암모니아 냄새도
내 아이는 모른다

모. 른. 다

모른다 2

아무도 모른다

육교 앞에 서면
너무 긴 횡단보도 앞에 서면

지하철
무료승차권을 받으면

1초의 순간에
희로애락이 교차한다

나는
중증 지체장애인이다

그래서 웃는다

아무도 모른다
내가 왜 웃는지

아무도 모른다
내가 얼마나 화나고 슬픈지

누구도 모른다

인사해요

눈이 부셔
하늘을 쳐다보지 못할 만큼
햇살 고운 출근길

제각각인 옷차림에 눈부터 즐거운
기분 좋은 아침

오늘은 또 무슨 일이
근심으로 떨어질지
웃음으로 안길지
지금은 알 수 없지만

두렵진 않습니다
지금까지 잘 견뎌온 저력으로
좋은 일은 크게 웃어 주고
나쁜 일은 씩씩하게

매일 아침 컴퓨터를 켜고
커피 한 잔

어김없이 창문을 열고
행복한 상상
아련히 피어나는 아침의 숨소리가
귓전에 환청으로 맴도네요

안녕하세요

삶

뒤엉켜 꺾이는 백색 관능
뿌연 백열등 파편이
늘어진 시간 속으로
부서져 내린다

붉게 물든 얼굴엔
가을이 들어와 앉았다
삶은 동사

힘내라 인생아

수화기로 흐르는 목소리는
은쟁반의 구슬이라 좋고
스치는 순간마다
올라가는 입꼬리에
생글거리는 눈빛이 좋다던

그렇게 종일
너희가 좋아하는 소리와 표정으로
또 하루가
오히려 슬퍼하며 저문다

혼자 곪아버린 인생은
뜨거운 한 잔이 필요한데
시원한 장국 한 사발이 필요한데

어쩌면 한결같이 웃으라 하는지
긴 동행이 되어 감사한 너는
그 시간만큼 아프구나

인생아 힘내라
쏟아지는 비바람 다 막아주지 못해도
언제든 품어줄 가슴 남겨 둘 테니
뛰어들 처마 밑자리 비워 둘 테니
꺽꺽 울 자리 남겨둘 테니

힘내라 인생아

관계 중독

오늘 어쩌다가
초등 동창 단톡방에서 나오게 됐습니다
앗 어쩌지
기다렸습니다
누군가 다시 초대해 주겠지
낮엔 일하느라 잊고 있었습니다

일을 마무리한 밤
집에 가려다가 문득 카톡을 보았습니다

아무도 다시 초대해 주지 않네요
아마도 내가 나간 줄 모르고 있을 거라
생각했습니다

좀 더 기다려 볼까
친구에게 전화해서 초대해 달라고 할까
괜스레 마음 쓰며 기다리다가
혼자 섭섭이를 영접합니다

나이를 먹어도
참 아이 같은 속마음이 남아 있어
웃음이 나면서도 좋다는 생각이 듭니다

하루 더 기다려보고 전화해야겠지요
어릴 적 친구들을 내가 더 좋아하니까요

결국 그 밤에 나를 초대해 달라고
전화하고 말았습니다
나 나간 줄 몰랐어, 하면서

회식

가위바위보
폭탄주가 돌아간다

가위바위보
고추냉이 한 덩어리 들어간 안주 쌈

가위바위보
이긴 놈은 마시고
진 놈이 안주 먹기

가위바위보
술 떨어질 때까지

가위바위보
고추냉이 없어질 때까지

가위바위보
사장님이 먹을 때까지

벌써 밤 11시

가위바위보
벌건 얼굴들이 돌아가고 있다

건망증 편지

눈물 나게
우울한 어느 날

따르릉

그래
건강하지
즐겁게 지내

잊지 않아 준 것만으로도
감사하다

까만 건망증은
차곡차곡 접힌 채
냉동실 생선 상자에 처박혀
비린내에 찌들었는데

잊어버린 번호가 안부를 물어
얼어붙은 비늘을 돋게 한다

그래
잘 지내
기억해 주는 것만으로도
감사하지

술

약간 취하는 건 재미있다

오늘 낮에
소주 한잔 마시고 알았다
어떤 것도 용서되는
기분 좋은 허풍선이
이래서 마시는구나

두 잔을 마시니
아주 용감해졌다
덕분에 이마가 찢어지고
그리 아픈 것도 아닌데 울었다
큰 소리로 속 시원하게 울었다

처음 마셔본 소주가
쓰면서 달다
이래서
마음이 기뻐도 슬퍼도
좋은 사람 만나면

용기가 필요하면
술을 마시는구나

나이 쉰의 성찰

앉은 자리마다
붉은 피 냄새가 난다

침묵으로
나를 이야기한다

파란 하늘이 안고 가는 구름만이
침묵 속에 묻힌 마음을 본다

눈물이 부쩍 는 나이 쉰에
거울 보며 미소 짓는 연습 하고
가끔 보이는 흰머리를 쓰다듬어 준다

세월 속 쌓인 많은 말들이
불쑥불쑥 튀어나오려 애를 쓴다

꾹꾹 눌러 담아 곰삭은 설움이
주책없이 주절대니
가슴을 칠 수밖에

눈물이 날 수밖에
도리가 없다

입을 열면 가시가 나와
피 흘릴 테니

이젠
곱게 연습한 미소 주름으로
가만히 기다리는 침묵으로
오늘을 이야기한다

유년의 꿈

언덕에 만장이 날리면
바람이 부는구나 생각했다

바닷가 소학교 작은 창틀에
턱 고이고 앉은 소녀
언덕을 넘는 요령잡이
구성진 선소리에
황홀한 몽유병을 앓고

벼락같은 선생님의 불호령
날아드는 백묵들의 몸부림도
소녀의 꿈 깨우지 못하고

하늘도 작은 듯 메워 버린
꽃상여 따라가는 만장
펄럭이는 바람 따라 꽃이 날리고
소녀는 함께 누워 잿길을 내려간다

지금도 가슴에 남은

만장의 요망한 유혹
해가 지길 기다린다

진정 중요한 것

길을 가며
얼마나 빨리 왔나
보통은 시계를 본다

인생을 살다
어느새 여기까지 왔나
대개는 나이를 꼽는다

오는 길에
무엇을 보았는지
어떤 냄새를 맡았는지
살갗에 닿는 바람도 미처 알지 못해
하늘도 땅도 잃어버린 채

중요한 건
나이와 시계에 있지 않고
길 위에 남긴 흔적인 것을

지금 나는 그 길에 서 있다

진정
얼마나 빠르게 왔나 보다
어디로 가고 있는지 생각해본다

연말 그 지점

이제 또 그 지점

어떻게 살았는지
무엇이 남았고 사라졌는지
주머니를 열고 손가락질하며
웃기도 울기도 하고
긴긴 한숨을 뱉어내며
차가운 소주 한잔을 기울이고
변명을 늘어놓으며
너무 빨리 가버린 시간에
삿대질하며 발 구르는 그 지점

다시
어떻게 살 것인지
무엇을 하고 무엇을 남길 건지
빈 주머니 가득 채울 사유들을
두리번거리며 찾아야 하는
그 지점에 서서
그냥 아무것도 찾지 않으려 한다

보이면 주워 담고
보암직하면 맛봐 주고
웃기면 더 크게 웃고
슬프면 더 크게 울면 될 테지
이젠 정말
오는 것들에 대해 더 세심하게
빈자리 내어주려 한다

소주 한 잔

이 한 잔은

그리움이 빚어낸 눈물
외로움의 노랫가락
명줄 잡는 욕망이요

꼭꼭 숨은 울화통
휘휘 저어 털어 넣는
질긴 끄나풀
질겅거려 뱉어낸 한숨이요

잡지 못한 너를
타박해 주저앉은
메슥거린 토사곽란

중년이 마시는 소주 한 병
그것은 인생이다

돌팔매

말라붙은 논바닥
지렁이 하나 살아 있으랴
빈 생각에 탕 탕 발 굴러
장난스런 발길질로
열매 쏟아낸 들판을 꼬드긴다

몰랐었다

한 삽만 뜨면 꿈틀대는
지렁이 천지인 것을
그렇게
마른 흙 덮고
뜨거운 흙고물 뱉어내며
입김 숨기고 있을 줄

몰랐었다

미리 알았더라면
발 구르며 꼬드기지 않았을 것을

그리움에게

하루가 저물었습니다
물 냄새 나는 해거름에
창 가까운 곳에 자리 잡고
헤이즐넛 한 잔을 시켰습니다

촉촉한 도로 위에
흩어지는 상념들을 주워 담으며
어느 날인가를
더듬어 서성거려 봅니다

흔히 말하는 추억 하나를
손안에 굴리며
떨어질 듯 말 듯 한 미소를
가슴에 문질러
알싸한 사랑임을 확인합니다

커피에 온기가 사라질 즈음
딸랑
카페 문이 열립니다

여기야

개나리처럼 웃으며
사뿐히 다가앉는
내 마음의 사랑입니다

4부

—

살아야 한다면

벽

맞춤형 도시
최첨단 마천루
손뼉 치며 호들갑을 떤다

유비쿼터스
얼마나 꿈같은 일인지
2%조차 비워지지 않은 완벽함
유통기한 무한대
단, 주의사항

'장애인 출입 금지'

애증

썩을 년

까맣게 타들어 가는 가슴을
그 한마디로 묻는다

썩을 년

욕이 아니다
어디 썩지 않을 년, 놈 있으랴

썩을 년

징한 인연에 가슴 쓰린 토악질
질긴 사랑
연민의 눈물이다

고백

진정 사랑한 것이 있다면
하늘에 맹세코 너였으리라
흐르는 것을 막을 수 없듯이
마음의 물살은
정해진 물길을 역류해 넘친다

구름을 밟고 선 자리
신천지에 무지개인가 싶었지만
언젠가 지고 말
지순한 한 송이 매달린 운명이
낙화일 줄 몰랐으리라

진정 사랑한 것이 있다면
목숨과 바꿀 너였으리라
유리같이 투명하게 먼 그리움
파란 하늘에 그려진 그 얼굴

살아야 한다면

늘 열어두어
바람이 들고 나고
햇볕도 그러하고
움직이는 모든 것들이
들고 나게 두어 봐

어떤 것도 낯설지 않게
올 것은 오고
갈 것은 갈 테지

기다리다
돌아서지 않아서 좋을 거고

들여다보다
놀라 자빠질 일 없을 테고

궁금해서
잠 못 들 일 없을 테지

꽉 닫힌 문보다
손바닥만큼 열린 문보다
있는 만큼 활짝 열어젖힌
눈 비 바람 다 받아먹는
그런 문이 좋아

열어두어
누구라도 돌아서
울게 하지 마라
흘려보내고 품어 안고

모진 세상 살아야 한다면
그렇게 열어두어 봐

세상

열린 문밖에는

어떤 사람은 멋진 몸을
어떤 사람은 예쁜 얼굴을
어떤 사람은 훤칠한 키를
어떤 사람은 아담한 귀여움을
어떤 사람은 명석함을
어떤 사람은 부유함을
각자 자기가 가진 외모와 지성으로

시절을 부리며 노래한다

닫힌 문안에는

안 보이는 사람이
걷지 못하는 사람이
말하지 못하는 사람이
바보라 불리는 사람이
키가 아주 작은 사람이

움직이지 못하는 사람이

오늘도 뽐내는 세상을 사랑해
손을 뻗어 하나 되기를 바라며
봐주지 않고 들어주지 않아도

시절을 춤추고 노래한다

빨간 입술 텍사스 그녀

1969년 말 이태원
텍사스 골목에 비가 내린다

핫팬츠에 빨간 브라쟈 달랑
그녀는 양철 문에 기대
연기 모양이 다르다는
양담배를 피운다

꼬불거리는 퍼머머리
보라색 눈두덩이
알고 있는 여자 중에 그녀가
제일 예뻤다

새빨간 손톱 사이로
쉼 없이 피어오르는 담배 연기
허공을 가르며
고향 그리워 울다 잠들고
빗물처럼 그녀도 운다

동생놈 대학 졸업시키고
괜찮은 양놈 하나 꿰차
미국 가는 게 소원이고
미제 껌은 질겨서 오래 간다고
짝짝거리는 그녀는 양색시다

"헬로우..., 씨팔"

동생 아니면 이 짓 안 하지
모처럼 쉬는 날
그 짓 말고 배운 것이 없어
하루 밥벌이 끊긴
웬수 같은 팔자에 떨어지는 빗방울
무담시 패악을 부려본다

내일은 등록금 부쳐줘야 하는데
헬로우.... 땡큐
빨간 입술엔 해가 지지 않고
질겅거리는 욕이 그치질 않는다

그때는
빨간 입술 그녀가 슬픈 줄 몰랐었다
해가 지면 죽는 줄 몰랐었다
그녀처럼 예쁜 여자가 되고 싶었다

오월아

황사에 덮여
각혈하며 가로누운 그림자
붉은 자국 눈부셔 아프다

산천 어디에 혼을 심어
꽃을 피우고 잎을 키우는지
오늘 때리는 바람은 그날을 잊었는가

밟힌 것도 모자라 버려진 너는
끓는 잔기침에 마르지 않는 붉은 피
가슴 찌르는 잔영

날카롭게 빛나는 오월

아
놓지 못할 피붙이
가슴에 눈 안에 묻고 새겨
붉은 꽃이 만개한 오늘

가슴은 다시 쪼개져
점점이 새겨지고
멈출 수 없는 눈물자국이
쓰리고 아프구나

그렇게 가는 거라

고행이라 했다

알지 못했던 순간에도
손톱이 닳아 피를 흘리는 것이
인생이라며 중얼거리고
꺾인 허리 부대끼며 가는 것이
이승살이라며 참으라 다독여
고행이요 고해라 했다

슬픔이라 했다

가슴에 한가득 흐느끼며 채워가는
뱉지 못할 소금 주머니
벗어진 살갗 쓰려도 토해내지 못하는
심장을 절이는 쓰디쓴 짠 물
생수를 들이켜 담가도
여전히 잠들지 않는 흐느낌
차가운 외로움이라 했다

몹쓸 인사라 했다

허락도 없이 들어와
제집인 양 상 차려 먹고 마셔
널브러진 육신 보듬으라 어르고
이제는 나 몰라라
봇짐 꾸려 휘적휘적
어제 일은 모른다 했다
인생은 그렇게 흘러가는 거라
잊으라 한다
필경 썩어빠질 그리움만 남기고 갈
빌어먹을 정이라 했다

빌어먹을 사랑이 행복이라 했다

역심

뱃속까지 시원하게
세차를 하고
돌아서 나오는 길에
비를 맞는다

이럴 수가 속상함에
허허거려
헛웃음 날려보지만

왜 이리
일상이 되통스러운지
가끔, 아니 자주
뒤통수를 맞는다

산다는 건 어쩌면 그렇게
늘 크게 작게 아파지는
뒤통수 맞기인지도 모르겠다

아픔보다

더 괘씸하다 여기는 건
누가 날 후려쳤나 살피고

썩어빠질 복수의 칼을 심는
어리석은 분노에
마음이 흔들려

하룻밤에
천년의 세월을 까먹으며
후회한다

기왕에
살아줘야 할 시간이라면
큰마음으로 돌아보아
그저 그러려니
웃으며 지나치기로 맘먹어

아파도 참아지는 순한
웃음으로 천년을

하루 같이 갈 수 있다면
이따금씩 맞는다 해도
견딜만할 텐데

머리에서 가슴까지 가기가
천리만리보다 더 멀다

회생

너른 마당 평상에 누워
하늘을 끌어다 덮는다

발치에서 머리끝까지
푹 뒤집어쓴 하늘 이불엔
어미의 젖비린내가 묻어 있다

입 벌리면 어디서든
배 불려줄 것만 같은
뽀얀 젖통

낳아준 어미도 알지 못하면서
늘 코밑에 달고 다니는 비린 젖내

파란 하늘 이불 끌어 덮던 날
단숨에 빨아들여 살점을 만들고
다시는, 말라붙지 않을
가슴을 열어 사랑을 유통시킨다

언제든 배고프면
빨 수 있는 젖꼭지가
거기 있기에
더는 목마르지 않다

취업 도전기

바다
눕고 싶다
해 없는 역풍에
죽어질 때까지 살아야 하는 건 고행이다

이력서
자기소개서
기능 자격증
최종학교 졸업증명서
기타 등등
빵빵한 서류 봉투
봉투 봉투

200원짜리
자판기 커피 한 잔 먹고 싶다
땡그랑
구르는 십 원짜리
땅바닥에서 히죽 웃는다
끈끈한 커피 향이 뒤통수에 매달린다

주머니 사정

바람이 분다

하루이틀 불던 바람도 아닌데
오늘은 쓰리다
이미 깊숙이 자리하고 앉아
숨조차 참았던
상처가 터져 고름을 쏟아낸다

세상은
꿈으로 짓는 미소가 행복할 테지
마음으로 나누는 미소가 희망일 테지
가다 보면 꽃이 피어 웃음도 있고
가다 보면 열매가 열려 배도 채워줄 테지

많은 날을 엮어
바람막이를 만들려 했는데
여태껏 참아왔던 바람이
하필 오늘 뿌리를 뽑아낸다

무심한 도시는
더 짙은 화장으로 낯을 가리고
한낮에도 살얼음이 얼어
끌어 덮을 거적이라도 있으면 좋겠지만
냉랭한 날숨은
옴짝달싹 못 할 불면의 씨앗을 심는다

이제쯤은 사랑할 만도 한데
다시 일어난 아침
열정은 편견을 이기지 못하고
희망은 또 잡았던 손을 놓으려 하니
애가 탄 가슴속으로 불친절한 바람이 들어도
다시 사랑 속으로 한 발 들이민다

5부

—

통증일기

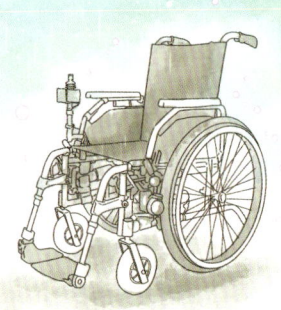

어떤 날

어떤 날은
늘 일어나는 시간에
몸이 안 움직여진다

만병통치 진통제도 듣지 않는 날
이럴 때면 한없이 무기력해지고
내게 남은 명줄의
유통기한을 계산해 본다

어느새 남은 날이 훨씬 더 짧아진 삶의 시간
좀 더 부지런해야 할 시간에
눕고 멍때리고 한없이 느려지고 있어
더 조급해진 마음이 자꾸 화를 낸다

해가 나면 좋으련만
오늘도 하늘은 잔뜩 비를 머금고 있다

잿빛 구름 낮은 하늘도 좋아하지만
이런 날은

또 간단치 않은 시간을 살아야 한다

늙어서 아픈 거라고 핑계 대며
열에 들떠 구시렁거려 본다

잘 늙어간다는 것
쉽지 않은 숙제다

평등

장애를 비관하지 않는다
장애인을 배제해 버린
환경과 법, 제도를 비관한다

장애인이 죽음을 선택하면
장애를 비관해
선택했다고 떠들어 댄다

아. 니. 다
편의시설의 부재와
변하지 않는 혐오와
차별의 벽이
우리를 죽음으로 내몰고 있다

장애인은
봉사활동의 선택지가 아니다

선택해야 할 것은
차별을 깨부수는

법과 제도이다

장애인도, 비장애인도
같은 출발선에 서고
뒤처지지 않은 환경에서 사는 것이
평등이다

너로 인해

예전엔, 나로 인해

가슴을 찢어 피눈물 흘리며
발등을 찍고 가슴 시리게
슬퍼서 너를 몰랐다

지금은, 너로 인해

매일 밤 여린 가슴에
장대 같은 비가 내려
둑이 터져 홍수를 내고

오늘도 뜨거운 심장으로
너를 품어 나의 슬픔을 잊었다

장애인

극복하는 것이 아니다
체념하거나 포기하거나
인정하거나 최면을 걸거나
순간순간 참는다

사람들이 오해하는 건
뭔가를 해야만 대단하고
웃어야 천사 같고
교회 잘 다녀야
복 받는다고 생각하는 것
장애를 입고 이 땅에 산다는 것
그것 하나로도 장애인은
세상을 이기며 가고 있다는 걸
그들은 모른다

칼자루를 쥐고
날을 잡으라고 윽박지르는
사회의 편견
은근한 우월이 낳은 배냇짓

자신도 알지 못하는 사이
만들어내 휘두르는 무심한 칼날에
피 흘리며 죽어가는 웃음

그들이 정해놓은
극복의 틀 안에 끼울
또 하나의 사례를 찾아
모니터에 매달고 다행이야
측은함 한 푼을 던지며
배냇짓 한 번 추가한다

장애인의 삶은
견고한 편견과 맞서
치열한 시간 속을 외롭게 걸어가며
새벽을 기다리는 것

극복이 아니다
언제나 주어진 하루하루는
투쟁일 뿐이다

잃어버린 시간

많은 날들이
사립문을 흔들어놓고 떠났습니다
돌아보며 꼬챙이 하나씩
숨구멍을 틀어막아
낡은 추억 하나씩 꿰차고
낮게 웅얼거리는 악착
이젠 가거라 슬며시 놓아줍니다

살아서 달려온 적막함에
살 비린내가 배어
꿈틀거리는 생의 그림자가
꺾임 없이 들어옵니다

쓸모없어진 자궁을 들어내고
기막혀 꺽꺽거리던 심장에선
자갈 부딪혀 깨지는 소리가 쩡쩡 울리고
한때는 생글거리며 안겨 오던 그녀의 멘스는
비리고 검게 만장에 새겨져 펄럭이며
재를 넘어갑니다

이젠 꿈도 길을 잃었습니다
이젠 마음도 없습니다
이젠 눈물도 이별도 사랑도
찾거나 오지 않습니다

퍼뜩 사립문을 치고 가는
세월의 편린들을 본 듯
미동도 없던 햇살이 비춰주고 가네요
지친 날이 칭얼거리며 지나가네요
어디에도 없습니다 당신의 모습은

언뜻
지나가며 웃는 볼 붉은 계집애의 자발이
가슴을 치고 떠나네요

헛배가 허기진다

애써
잊으려고도
보내려고도
그리워하려고도
기억하려고도
않으련다

가려 하면 보내고
잊히면 잊고
기억나면 나는 대로
그리우면 그리워하고

뭐든 흐르는 대로 흘려보내고
스며드는 것은 품고 가면
그만이다

배고픈 시간들을
헛되게 보내고 싶지 않다

누구도 대신 채워줄 수 없는
헛헛한 그 시간

살아 있다는 것은

살아 있다는 것은
사랑한다는 것입니다

씁쓸한 웃음마저도
가슴을 뜨겁게 달궈줄
불씨가 되어주기도 하지요

나란히 앉아
아무 말 없어도
가슴에 숨겨둔 말들이
정담을 나누고

뜨겁게 안아주지 않아도
같이 보낸 시간들이
조각을 맞추며
은근히 불을 지펴주고

같이 있지 않아도
미소 지으며

차 한잔을 건네도
촌스럽지 않은 풍경

분명
살아 있다는 것은
사랑한다는 것입니다

사랑하면

잊으려고만 했다

바람도
햇살도
거센 폭풍도
그저 잊으려 하면
잊히리니

한 번도
그립다 하지 않고
잊힌 줄 알았다

다시 바람이 스치기 전까지

그날

우연히 한눈팔다가
풀뿌리에 걸려 넘어지던 날

슬쩍 흘겨본 눈길 한 번에
자잘한 일상의 지루함이 깨지던 날

성미 급해 눈을 이고도
화사하게 웃는 복수초처럼
솜털 보송한 꽃잎이
가슴에 몽실몽실 피어나던 날

슬몃 스치고 간 바람이
손끝 찌릿 전기 통하던 날

말없이 다소곳한 시간 속에
나른한 손길조차 밀쳐내던 그날
바로 널 보던 그날

당신에게

살아야겠습니다

스치는 겨울바람의 차가움이
귓불을 찢고 지나던 아침
등 뒤에 늘어진 그림자의
힘없이 굽은 어깨를 보았습니다

모르는 사이에 굽었을까요
분명 꼿꼿이 허리 세우고
어깨 펴며 살았던 것 같은데
꼬리표처럼 따라오는 세월이
힘겨웠던가 봅니다

열심히 살았습니다

처음
사랑을 만나
문간방에 보따리 살림을 펼쳐도
그 사랑은 배고픔을 지울 만큼

매일매일
감동의 아침을 맞았습니다

사랑 하나만으로도 충분히 행복하며
새 가족을 선물 받고
또 그 기쁨에 겨워
정말
힘든 줄 모르고 여기까지 왔습니다

아직 갈무리해야 할 것들이
산처럼 내 앞에 있지만
든든한 내 사랑은
"이젠 늙었나 봐"
한마디 던지며 해를 등져
얼굴 주름 한가득 웃음으로
사랑 보내며 행복해합니다

어느덧 희끗해진 정수리에
빈자리가 보이고

손끝 까시랭이 가실 날 없는
에미, 애비 되어
문득 돌아본 뒷자리가
밉지만은 않아서 참 다행입니다

반생을 넘어선 오늘
남긴 것도 가진 것도 하나
예쁘게 커 준 아이들뿐입니다

무엇을 하고 무엇을 위해 살았을까
돈도 없고 명예도 얻지 못했지요
지나온 그림자를 보며
후회해야 하나
위로해야 하나
생각할 것도 없이 보듬어 안으며
굽은 등 애썼다 토닥여 주렵니다

지금도
여전히 감동 주는 행복이

작은 방 안에 가득 차
둘이 아닌 넷이 되었으니
밑지는 장사는 아닌 게 분명하지요
행복은 평안함 속에 있습니다
평안함은 작은 감동이 주는
파동입니다

비록 빈 주머니일지라도
주먹을 펴면
그 안에 따뜻하게 숨어있는
사랑이 있습니다

찬바람 추위 속에 주먹을 펴
사랑을 꼭꼭 담아
다시
살며시 잡아봅니다

통증일기

60대 중증장애여성(장애 2급)이 편견과 혐오로 가득한 이곳에 산다는 건 투쟁의 연속이다 대문 밖으로 나가는 순간 턱과 계단, 수많은 장애물과 만나게 된다 사실 장애가 문제라기보다 경사로가 없고 울퉁불퉁한 보도블록들, 수많은 계단과 소소한 턱들, 비장애인에게는 문제 될 것 없는 이러한 주변 환경들이 장애인은 아무것도 할 수 없다는 인식을 만들어 놓았다 60살 넘게 살면서 나는 충분히 배제당하고 학대와 방임을 겪었다 그 시간이 모여 지금의 나로 살고 있다 꼭 때리거나 굶겨야 학대가 아니다 그저 밥 잘 먹이고 씻기고 입혔다고 할 일 다 했다는 것처럼 이야기한다 부모의 지대한 관심 또는 무관심으로 대부분 재가 장애인들에게는 배제와 학대, 방임이 일어난다 나 또한 유년을 그렇게 보냈다 초등학교를 졸업하자 집안이 소란스러워지기 시작했다 나의 중학교 입학을 놓고 의견이 분분했다 한 번도 안 하던 집안 회의에서 저 몸으로 학교는 다녀서 뭐 하겠나 기술이나 배워서 밥이나 먹고 살게 하면 된다는 결론이 났다 가난했던 아버지는 집안 형님

의 의견에 따를 수밖에 없었다 당사자인 나에게는 아무도, 아무것도 묻지 않았다

  그렇게 꿈 많은 10대, 나는 또 집에 갇히게 되었고 17세 되던 해 같이 죽자던 아버지를 피해 죽을 각오로 탈출했다 신새벽에 목발을 짚고 산 하나를 넘어 미친 듯이 도망쳤다 도착한 서울은 내가 미처 몰랐던 무정한 사회였고 우여곡절이 많은 시간을 보내야 했다 장애 때문에 죽을 고비도 여러 번, 아찔한 순간의 연속이었다 버려진 듯했던 막다른 길에서 새길을 열어준 것은 공부였다 20대 초반 낮에는 공장에, 밤에는 야학에 다니며 새로운 눈과 귀를 갖게 되면서 튼튼한 마음도 싹트기 시작했다 투쟁의 의지는 그때부터 생겼다 배움에 목말랐던 내게 생명수와 같은 기회였다 틈틈이 야학 선생님이 권해주는 많은 책을 읽으며 위안을 얻었다 단순 작업을 하는 여러 공장을 전전하며 온갖 차별에 시달려야 했다 20여 년 일하는 동안 한두 명의 사업자들은 장애보다는 일하는 능력을 보고 임금을 비장애인 사

원과 다르지 않게 주기도 했다 그러나 대부분은 장애를 들먹이며 채용해 준 것만으로도 고맙게 여기라며 동정과 시혜를 자랑질했다 자기는 아주 좋은 사람이라고 떠벌리면서도 임금을 제대로 주지 않았다 억울해서 싸우기도 하고 여러 번 쫓겨나기도 했다 장애가 있고 가난하며 못 배운 사람은 편견과 차별이 만연한 이 사회에서 견딜 수 없는 고통과 통증을 감수할 수밖에 없다는 사실을, 아프고 외로운 삶, 늘 죽음을 생각하는 삶을 받아들여야 한다는 것을 매일 통감하며 지나온 시간이었다 그래도 기도할 수 있어서 나는 죽지 않았다 차별적인 사회의 요구를 거부했기에 나는 나로서 살아남았다 장애인으로 살아온 시간에 대해 묻는다면 나는 저항해야 하는 통증이라고 말하고 싶다

세월이 흘러 나이 들고 혼인해 엄마가 되었고 이제 할머니라 불릴 나이가 되었다 하지만 긴 세월을 견딘 지금도 싸워야만 하는 고통과 통증의 사회구조는 그대로 남아 있다 긴 세월 선배 동지들의 지난

한 투쟁으로 편의시설들이 생기고 있고 장애인이나 가난한 사람들에 대한 인식도 조금 개선되었다 하지만 여전히 갈 길이 멀다 20여 년 동안 외치며 투쟁했던 그 구호를 지금도 똑같이 외치고 있다 강산이 두 번 변해도 나아지지 않는 장애인 차별 행태를 보면 너무 아프다 그래서 나는 오늘도 싸운다 누군가는 다 늙어서 뭐 하는 짓이냐고 많이 좋아졌으니 이제 그만하라고 한다 마치 자기가 다 해준 양 큰소리친다 할 말은 너무 많지만 굳이 설명하거나 설득하지 않는다 본인이 겪지 않으면 변하지 않는다는 걸 그동안 뼈아프게 체득했기 때문이다

10여 년 전 노들야학을 찾았고 이곳에서 공부하고 일하며 나는 매일 승리의 환호를 경험한다 검정고시로 초중고를 졸업했다 낮에는 사단법인 노란들판에서 일한다 내가 일을 잘하든 못하든 비장애인 동지들과 똑같은 대우를 받는다 여기서는 그 누구도 장애와 능력을 문제 삼지 않는다 지금도 변함없이 투쟁하고 배우는 이유는 살아있기 때문이고 살

아가야 하기 때문이다 후배들이 잘 살아갈 세상, 혐오와 차별 없는 사회를 만드는 토대를 굳건히 하는 데 보탬이 되기 위함이다 나 혼자는 미미하지만 동지들과 함께라면 차별에 저항하는 힘도 백배 천배 증가하는 것을 보며 내일에 대한 희망을 가슴 가득 담아 씩씩하게 오늘도 나아간다 비장애인들은 몇몇 장애인을 바라보며 장애를 극복했다고 손뼉 친다 장애 인식 개선 교육이 필요한 부분이다 왜냐면 틀린 말이니까 장애인은 매일매일 눈을 뜨면 마치 전장에 나가는 병사처럼 비장한 각오로 오늘을 살아간다 세상은 거대한 혐오의 눈으로 다가오기에 호흡마다 기도해야만 살 수 있다 숨결마다 투쟁해야만 살아남는다 장애는 극복해야 하고 초월해야 할 무엇이 아니다 그냥 함께 살아갈 존재 자체다

배제와 차별, 학대와 혐오가 만연한 세상에 살아남은 생존자, 나는 60대 장애여성이다

해설

몸의 언어로 다시 쓰는 감각의 배치
—『통증일기』가 말한 것과 말하지 못한 것

윤지영
(시인, 동의대 교수)

1.

시를 읽을 때, 우리는 자주 그 '말'의 형식에 주목한다. 비유와 이미지의 참신함, 일상의 언어를 뒤트는 도발 같은 것들 말이다. 곱고 아련한 서정을 환기하는 함축적 언어도 우리가 시에서 기대하는 것 중 하나다. 그러나 더 본질적인 것이 있다. 바로 '누가 말하고 있는가?' 하는 것이다. 이 질문이 중요한 것은 시가 누구에게나 허락된 말이 아니기 때문이다. 모든 자리가 누구에게나 허락되지 않은 것과 마찬가지다.

우리는 보여도 좋은 것과 보이지 않아야 하는 것, 말할 수 있는 자와 말해서는 안 되는 자의 구분이 존재하는 세계를 살아간다. 무엇을 보고, 누가 말하고,

무엇을 느낄 수 있는가 하는 자격을 배분함으로써 우리 사회는 작동한다. 철학자 자크 랑시에르는 이를 "감각의 배치"라는 말로 불렀다. 문학도 예외가 아니다. 어떤 말은 '문학'이 될 수 있지만, 어떤 말은 '문학'이 될 수 없다. 누군가의 말은 '시'가 될 수 있지만, 누군가의 말은 '시'가 될 수 없다. 어떤 방식으로 말하고 써야 '시'로 인정받는지, 말투와 어휘, 감정 표현의 수준을 우리는 이미 내면화하고 있다. 문학은 이러한 방식으로 감각을 배치하는 하나의 제도이며, 이 제도 안에서 시만큼 말할 자격이 인색하게 할당되는 장르도 드물다.

『통증일기』는 바로 이처럼 견고한 문학 제도의 문턱을 엿보는 자의 발화다. 그는 이 사실을 이 시집의 두 번째 수록작인 「시인이 아니다」에서 단도직입적으로 고백한다. 과연 이 시집에 실린 문장들은 "시를 공부한 적도 없고 / 시 쓰는 형식도 모른다"는 그의 말처럼, 투박하고, 때로는 너무 직설적이다. 감정도 거침없이 터져 나오고 솟구친다. 우리에게 내면화된 '감각의 지도'에는 없는 언어다. 문학 내부에만 그의 자리가 없는 건 아니다. 시집의 여러 작품에서 알 수 있듯, 그는 60대의 장애 여성이다. 우리 사회가 말할 자격을, 보일 자리를 좀처럼 허락하지 않는 존재다. 그는 이러한 자기 정체성을 "배제와 차별, 학대와 혐오가 만연한 세상에 살아남은 생존자, 나는 60대 장애여성이다"라고 밝힌다.

주목할 것은 이 문장이 이 시집을 닫는 마지막 문장이라는 사실이다. "시인이 아니다"라는 선언으로 시작한 그의 발화가 "60대 장애여성이다"라는 선언으로 마무리되고 있다. 시집의 처음과 끝에 놓인 이 두 개의 진술은 이중의 자기부정처럼 보인다. 전자는 시인 자격의 결여를, 후자는 자기 존재에 대한 부정을 의미하기 때문이다. 그러나 시집 전체를 읽고 나면, 이 두 진술이 각각 문학 제도와 사회 구조가 박탈한 언어를 자기 언어로 되받으며, 그 질서를 되묻는 수행임을 알게 된다. 따라서 '시인이 아니다'라는 말은 스스로를 낮추는 말이 아니라 시를 말할 자격을 얻지 못한 자가 그 배제를 드러내는 비판이다. 그의 투박한 언어들도 견딜 수 없어 터져 나오는 생의 분출로 다시 읽게 된다.

'60대 장애여성이다'라는 발화 역시 마찬가지다.

사실은
까마득한 절벽을
기어오르는 것 같습니다
손끝이 쓰라리고
온몸이 벌벌 떨립니다

힘없는 다리에

경련이 일어납니다

사실은

힘들고 자신 없습니다

[……]

아직도 휠체어가 민망하고

아직도 크지 못한 마음 있어 슬퍼합니다

─「자화상」에서

누군가

병신이라 내친다 한들

기어오를 오기 가진 것이

너 말고 또 있으랴

─「다리에게」에서

 시집 전반에 나타나는 위와 같은 진술들은 사회가 부정적으로 낙인찍은 정체성을 자기 언어로 명명함으로써 오히려 그 낙인의 구조에 저항하고 스스로를 드러낸다.
 이처럼 『통증일기』는 시집의 처음과 끝에 놓인

이 두 개의 진술에 의해 이중으로 배제되어 온 존재가 '자기 자신'에 도달해 가는 하나의 시적 여정이 된다. 이 여정은 "감각의 배치"를 흔들며, 우리가 시라고 여기는 언어와 정상이라고 여기는 몸의 경계를 근본적으로 다시 묻는 과정이기도 하다. 시의 본질이 감각의 분할을 새로이 구성하는 것이라면, 이런 그를 시인이라 부르지 못할 이유는 없다.

2.

『통증일기』에서 시인은 단지 자기 고통만을 말하지 않는다. 자신과 마찬가지로 사회에 배제된 타자들을 감각의 지평 위로 끌어올린다. 늙은 노숙자, 쫓겨나는 노점상, 폐지 줍는 노인, 농부, 미싱공, 철거민, 발달장애 여성, 태극기 노인들까지도 그의 시는 놓치지 않는다.

이들은 "장애인 출입 금지"라는 푯말과 육교, "너무 긴 횡단보도"에 가로막히고, "차가운 양철 갑옷 / 골리앗"(「상도동 159번지 2003년 겨울」)에 갇혀 있으며, "라면박스 두어 장"(「빌딩 그림자 속의 숨은 그림」)과 "지하 공장"의 "형광등" 불빛 아래(「반란의 이유」)에 겨우 자리를 얻는 존재들이다. "아무도 부르지 않는 내 이름 석 자 / 하도 오래 묵혀 / 가슴에도 머리에도 이젠 없다"(「대학로 노숙 예수」)고 토로하는 이들, 누구도 불러주지 않아 존재마저 희미해져 가는 이들을 시인은 자신의 시로 불러들여 끝내 지워지지 않을 존재로 기록한다.

  주목할 것은 이들을 단순히 소외된 자로 호명하거나, 감동의 대상으로 자리매김하지 않는다는 사실이다.

> 안 보이는 사람이
> 걷지 못하는 사람이
> 말하지 못하는 사람이
> 바보라 불리는 사람이
> 키가 아주 작은 사람이
> 움직이지 못하는 사람이
>
> 오늘도 뽐내는 세상을 사랑해
> 손을 뻗어 하나 되기를 바라며
> 봐주지 않고 들어주지 않아도
>
> 시절을 춤추고 노래한다
>
> ─「세상」에서

  주어의 자리를 차지한 존재들에 주목해 보자. 사

회적으로 '장애인'이라 불리는, 소위 정상적 몸을 갖지 못한 이들이 주어의 자리에 놓여 있다. 그러나 시인은 이들을 '장애인'이라는 일반 명사로 통칭하거나 대상화하지 않는다. 시각장애인, 지체장애인 같은 장애 범주 유형으로 부르지도 않는다. 대신, 각각의 존재가 처한 구체적 몸과 감각의 차이를 통해 그들 한 명 한 명을 개별적인 주어(주체)로 세운다.

일상 언어로 몸과 삶의 조건을 드러내는 이러한 방식은 장애를 고정된 정체성으로 절대화하지 않으며, 결핍으로 여겨지는 특성들을 몸의 다양성으로 다시 읽게 만든다. 장애와 비장애를 그 구분이 명확한 이분법적 배치 대신 하나의 연속된 스펙트럼으로 볼 때, 우리는 모두 그 스펙트럼 위 어딘가에 위치하는 존재들이다. 시력이 좋지 않은 사람도 '안 보이는 사람'이고, 다른 이보다 키가 작은 사람도 '작은 사람'이다.

이 시에서 더욱 인상적인 것은, 이 주어들에 할당된 서술어들이다. 통상적으로 장애의 주어에는 무시당하고, 박대당하고, 고통받는 의미의 서술어가 연결된다. 그러나 시인은 이들 주어에 사랑하고, 손을 뻗고, 하나 되기를 바라며, 춤추고 노래하는 등의 서술어들을 할당한다. 이러한 서술어들을 공유함으로써 고유한 몸의 조건을 가진 주어들은 개별성과

독자성의 훼손 없이 하나로 연결된다. 자신을 밀어낸 세상을 환대하고 타인의 인정 없이 사랑하고 느끼는 것이 장애를 가진 이들의 공통 감각이 된다. 장애인에게 할당되는 결핍과 고립의 감각을 거부하고 그들 스스로 능동적이고 주체적인 존재로 자리매김하고 있는 정치적 전복이라고 할 수 있다.

3.

배제된 자를 주어의 자리에 놓는 가장 흔한 방식은 그를 '극복 서사'의 주인공으로 호출하는 것이다. 극복의 서사는 낙관적인 희망의 메시지를 전달하는 것처럼 보이지만, 실은 배제되고 보이지 않는 자가, 언제 어떤 조건을 갖추었을 때 드러날 수 있는가를 강제하는 장치이다. 이 장치는 고난을 극복한 자만을 '보여질 수 있는 존재'로 승인한다. 이는 여전히 고통 속에 머물러 있는 이들을 '노력하지 않는 자', '실패한 자'로 배치하는 결과를 낳는다. 극복의 서사는 이런 방식으로 극복한 자와 실패한 자를 선별하고, 구조적 결핍과 배제를 개인의 태도나 의지의 문제로 환원한다. 시인은 이 메커니즘을 정확히 간파한다.

극복하는 것이 아니다

체념하거나 포기하거나

인정하거나 최면을 걸거나

순간순간 참는다

사람들이 오해하는 건

뭔가를 해야만 대단하고

웃어야 천사 같고

교회 잘 다녀야

복 받는다고 생각하는 것

[……]

극복이 아니다

언제나 주어진 하루하루는

투쟁일 뿐이다

—「장애인」에서

    시인은 말한다. 극복이란 없다고, "체념하거나 포기하거나 / 인정하거나 최면을 걸거나 / 순간순간 참"을 뿐이라고, "언제나 주어진 하루하루는 / 투쟁일 뿐"(「장애인」)이라고. 체념과 포기의 감정, 위장과 인고의 수행조차 드러낼 수 없게 강제하는 폭력적인 구조에 대한 민감한 인식을 엿볼 수 있다.

이처럼 극복한 자만을 '보여질 수 있는 존재'로 승인하는 구조 속에서는, 고통받는 자들이 고통을 말하는 것조차 허락되지 않는다. 아프다는 내색도 할 수 없다. 그래야만 사회의 시선 안에 들어올 수 있다. 「힘내라 인생아」에서 시인이 묻는 것이 바로 그것이다. "혼자 곪아버린 인생은 / 뜨거운 한 잔이 필요한데 / 시원한 장국 한 사발이 필요한데 // 어쩌면 한결같이 웃으라 하는지". 자신의 경험과 감정을 드러낼 수 없게 강제하는 압력이 접근권의 제한, 고용 차별, 교육 기회의 불평등보다 미미한 차별이라고 결코 말할 수 없다. 그 웃음이 "웃으라 하는" 외부의 명령에 따른 것이라면, 그것은 모멸감과 자괴감을 낳고, 결국 자기 분열을 초래하기 때문이다. "그렇게 종일 / 너희가 좋아하는 소리와 표정으로 / 또 하루가 / 오히려 슬퍼하며 저문다"라는 발언은 무언의 시선에 순응한 대가로 남는 감정의 잔여물을 드러냄으로써 이 미묘한 배제의 메커니즘을 폭로한다.

그런 점에서 "벗어나지 못해 죽어가는 장애, 나다 / 환장할 세상 왜 태어났을까 / 이유도 모른 채 왜 살고 있을까 // 빌어먹을, 혐오로 가득 찬 개 같은 세상"(「개 같은 세상」) 같은 발화가 중요하다. 이

거친 감정과 정제되지 않은 언어는 그가 "시를 공부한 적도 없고 / 시 쓰는 형식도 모른다"는 것을 예증하는 사례가 아니다. 그것은 사람들이 듣고 싶어 하지 않는 언어로, 사람들이 알고 싶어 하지 않는 날것의 감정을 드러낸다는 점에서 일종의 정치적 실천이며, "너희가 좋아하는 소리와 표정"을 짓지 않겠다는 저항이다.

이러한 실천이 가능한 것은 시인이 고통의 원인을 명료하게 간파하고 있기 때문이다.

장애를 비관하지 않는다

장애인을 배제해 버린

환경과 법, 제도를 비관한다

장애인이 죽음을 선택하면

장애를 비관해

선택했다고 떠들어 댄다

―「평등」에서

장애인이 비관하는 것이 "장애"일 거라는 생각은 장애를 비정상, 결핍으로 간주하는 사유 체계의 산물이다. 이는 장애인이 겪는 고통의 원인을 그가 지닌 몸, 곧 '장애'라는 특성에 귀속시키고, 장애를 고정된 결핍으로 간주한다. 이 시의 첫 문장—"장애를 비관하지 않는다"—이 의아하게 여겨진다면, 그것은 우리가 이미 어떤 감각 체계 안에 있다는 것을 의미한다. 바로 비장애 중심주의적 사고 체계다.

비장애 중심주의는 다음과 같은 반론으로 정당화되곤 한다. "모든 버스를 저상버스로 바꾸는 건 비효율적이지 않은가?", "기업은 효율을 따지는 게 당연하지 않은가?" 그러나 이러한 반론은 다음과 같은 질문에 의해 쉽게 흔들린다. 과연 '정상'의 기준은 무엇인가? 그리고 그 기준은 누구에 의해, 누구를 위해 정해진 것인가?

장애인이 겪는 고통의 원인으로 시인이 지목한 "환경과 법, 제도"들은 그 자체로 중립적이거나 공평한 것이 아니다. 그것들은 비장애인의 신체 조건과 삶의 방식을 '정상'으로 상정하고 설계된 결과물이며, 그 기준에서 벗어나는 존재를 '예외'로 분류하고 배제한다. 심지어 장애인의 경우, '죽음'이라는 극단적 선택조차 감각의 체계 속에서 오해되고 왜곡된다. 그러나 나이 들어 휠체어를 쓰게 되는 일, 뇌졸중이나 사고로 인한 일시적 마비, 감각장애를 갖게 되는 일은 모두에게 언제든 일어날 수 있다. 모든 인간이 잠재적 장애인이라고 생각한다면, 장애인을 배제하는 지금의 "환경과 법, 제도"들이 부당

하다는 것은 의심의 여지가 없다. 이처럼 「평등」은 생존조차도 감각의 분할 속에서 차등적으로 인식되는 현실을 응시하며, 그 틈에 질문을 던진다.

4.

시인이 겪는 배제와 차별은 단지 장애라는 조건에서 비롯된 것이 아니다. 60대 장애 여성으로서 그의 몸은 신체적 제약과 사회적 편견에 더해 여성성과 나이에 대한 사회적 규범이 교차하는 자리이기도 하다. 이처럼 성별, 장애, 나이, 계급 등 여러 정체성이 중첩됨으로써 직면하는 차별과 억압을 설명하기에 적절한 개념이 '교차성(intersectionality)'이다.

가령, 「자화상」은 장애, 여성성, 노화가 교차하는 지점을 섬세하게 포착한다. "아직도 휠체어가 민망하고 / 아직도 크지 못한 마음 있어 슬퍼합니다"라는 구절은, 장애에 대한 사회적 낙인의 인식과 이러한 조건이 자의식에 미친 영향을 보여주고, "너무 오래 산 건 아닌지 / 거울을 꺼내봅니다"라는 구절은 노화에 따른 존재 자격에 대한 불안을 드러낸다.

그러나 교차성 개념은 이러한 정체성들이 겪는 억압이 단순히 차별의 총합이 아니라, 교차 지점에서 구성되는 고유한 배제의 양상임을 전제한다. 예

컨대 "아직도 크지 못한 마음"에 신경 쓰는 건 장애를 바라보는 사회적 시선에 속박된 자신에 대한 자각 때문만은 아니다. 그가 60대라는 사실은 이 구절을 노인에게 요구되는 성숙과 체념의 윤리에 대한 반영으로 읽게 한다. 마찬가지로 그가 여성이라는 사실은 "거울을 꺼내본다"라는 진술을 노인의 자기 성찰을 암시하는 것이자 나이 든 여성에게 가해지는 외모 규범의 내면화를 드러내는 것으로 읽게 한다.

「개 같은 세상」의 다음과 같은 구절은 특히 장애여성이라는 교차적 정체성이 낳는 복합적 억압의 구조를 잘 보여준다.

> 한 번쯤 구두 신고 치마 입고 싶다
> 한 번쯤 친구와 대중목욕탕에 가보고 싶다
> [……]
> 한 번쯤, 한 번쯤은
> 다른 여자들처럼 그렇게
> [……]
> 화장하고 치마 입고 예쁘게 보이고 싶다
> ―「개 같은 세상」에서

이 발화는 언뜻 보기에는 남성 중심적 시선이 만

들어낸 '여성다움'에 대한 순응처럼 보인다. 그러나 이 욕망의 주체가 '장애 여성'이라는 점에서, 단순히 가부장제가 여성에게 부과한 규범을 내면화한 결과로 해석하기는 어렵다. 왜냐하면 장애 여성은 가부장제 질서 안에서도 '여성'으로 호명되기 어려운, 주변화된 위치에 있기 때문이다.

비장애 여성과 장애 여성이 가부장제 질서 내에서 배제되고 억압받는 방식은 동일하지 않다. 비장애 여성이 성적 대상화를 통해 여성성을 강요받는다면, 장애 여성은 애초에 성적 존재로 상상되지 않음으로써 여성으로서의 욕망조차 말할 수 없는 위치에 놓인다. 이런 맥락에서 위의 발화는 여성성의 규범에 접근하는 것조차 허용되지 않은 몸이, 여성으로서 욕망할 자격을 스스로 주장하는 행위다. 이는 젠더와 장애라는 교차적 조건이 구성하는 배제의 이중 구조를 드러내는 시적 수행으로 작동한다.

5.

『통증일기』의 시인이 언제나 동일한 감각 구조를 통해 말하는 건 아니다. 어떤 시에서는 장애, 여성성, 나이듦이라는 정체성의 교차점에서 비롯된 복합적인 경험이 드러나지만, 다른 시에서는 특정 정

체성이 소거되거나, 하나의 정체성에만 집중한 감
정의 구조가 나타나기도 한다. 가령, 다음과 같은 작
품이 대표적이다.

> 쓸모없어진 자궁을 들어내고
> 기막혀 껵껵거리던 심장에선
> 자갈 부딪혀 깨지는 소리가 쩡쩡 울리고
> 한때는 생글거리며 안겨 오던 그녀의 멘스는
> 비리고 검게 만장에 새겨져 펄럭이며
> 재를 넘어갑니다
>
> 이젠 꿈도 길을 잃었습니다
> 이젠 마음도 없습니다
> 이젠 눈물도 이별도 사랑도
> 찾거나 오지 않습니다
>
> ―「잃어버린 시간」에서

여기에서 시인은 장애라는 정체성에 대해서는 말
하지 않는다. 오직 생식 기능이 소멸한 몸을 통해 여
성성이 쇠락하는 순간에 집중한다. "쓸모없어진 자
궁", "비리고 검게 만장에 새겨져 펄럭이며 / 재를
넘어가는" 멘스처럼 폐경은 죽음의 이미지로 그려
지고, 그 상실의 결과를 "이젠 꿈도 길을 잃었습니

다 / 이젠 마음도 없습니다"라고 토로한다. 이러한 말하기는 재생산 기능이 그의 존재를 지지하는 중요한 축이었음을 시사한다.

그런데, 어째서 폐경이 이토록 중요한 사건인 걸까? 출산 가능성의 소멸을 '상실'과 '쓸모없음'으로 여기는 이러한 인식은 장애의 몸을 '결핍'과 '쓸모없음'으로 여기는 인식과 동일하지 않은가? 폐경을 욕망과 감정의 상실로 받아들이는 것은 장애의 경험을 들릴 가치가 없는 것으로 여기는 것과 무엇이 다른가?

장애에 관해 이야기하는 시에서 시인은 장애를 결핍이나 비정상으로 보는 관점을 비판하고, 그것이 어떻게 장애의 몸을 폭력적으로 사회에서 배제하는지 보여준다. 그러나 「잃어버린 시간」에서는 여성의 몸을 생식 기능으로 환원하는 사회적 언어를 반복한다. "생글거리며 안겨 오던 그녀의 멘스"와 "재를 넘어가는" 폐경의 대비가 이를 단적으로 보여준다. 젊음과 생식 능력을 생명력과 동일시하고, 폐경 이후의 여성을 죽음과 연결 짓는 것은 출산 가능성과 결합된 몸만을 '정상적 여성'으로 승인하는 젠더 규범의 연장선에 있다.

나이듦에 대해서도 비슷한 인식을 볼 수 있다. 이 시집에는 '잘 늙기'와 '잘 죽기'라는 윤리적·존재론

적 과제에 천착하는 작품들이 다수 있다. 「기왕이면」이나 「어떤 날」에서는 '잘 늙는다'는 것의 어려움과 노화를 준비하는 자기 수양의 태도를, 「망자의 유서」나 「헛배가 허기진다」에서는 모든 것을 흘려보내고 품어내는 유연한 마음을 노년의 미덕으로 제시한다. 「동화(同化)」가 보여주는 다음과 같은 풍경은 아마도 시인 자신이 그리는 노후의 모습이리라.

> 옛날 그곳엔
> 노인네와 산이 있었고
>
> 이젠,
> 그곳에 산만 있다
> 노인은 노을과 함께 산이 되었다
> ―「동화(同化)」에서

여기에서 노인은 자연과 하나가 되어 노화를 조용히 수용하는 모습으로 그려진다. 개인의 생은 사라지지만 산과 노을처럼 자연의 순환 속에 스며드는 모습은, 노화를 초월적이고 순응적인 질서로 받아들이는 인식의 산물이다. 이처럼 노화 자체를 인간 삶의 보편적 과정으로 받아들이고, 그 안에서 의

미를 찾으려는 사유는 그가 장애를 다룰 때 보여주었던 비판적 감수성과는 결을 달리한다. 장애의 몸에 대해서는 감각의 배치 자체를 의심하고 전복하려고 한 반면, 여성성과 노화라는 감각 영역에서는 그러한 날카로움이 작동하지 않는다. 오히려 여성성과 노화에 관해 만들어진 기성의 질서 안에서 발화한다.

이를 단순한 모순이나 일관성의 결여로 치부할 수는 없다. 복합적인 정체성을 지닌 존재가 자신의 모든 정체성을 균등하게 인식하고 말하기는 어렵다. 어떤 억압은 쉽게 명명할 수 있도록 언어를 부여받지만, 어떤 억압은 자연스럽고 보편적인 감정처럼 가장되어 자각조차 되지 않는다.

6.

시인의 시 속에서 장애는 분명하게 말해지는 고통이지만, 여성성과 노화는 감정과 윤리라는 이름으로 덮여 있는 감각의 지층이다. 이 불균형은 한 개인의 한계가 아니라, 누가 고통을 말할 수 있으며, 어떤 고통이 사회적으로 승인되는가를 결정하는 '감각의 분할'에 따른 것이다. 다시 말해, 시인은 장애에 대한 언어를 발견했지만, 여성성과 노화의 경험은 여전히 '정치적인 것'으로 들리지 않는 위치에 머물러 있는 것이다. 이런 불균형은 교차적인 억압 구조 속에서 특정 정체성이 중심화되고 다른 정체성은 주변화되는 방식 자체를 반영하는 것이기도 하다.

이 시집의 제목이자 마지막 수록작인 「통증일기」는 이러한 불균형의 이유를 짐작할 수 있는 단서를 제공한다. 가령, 이 작품은 장애가 반복적으로 경험된 가장 구체적이고 고통스러운 억압이었음을 보여준다. 그렇기에 장애를 '보이지 않게 만드는' 사회적 배치에 가장 예민하게 반응하고, 그로부터 저항의 언어를 끌어올 수 있었을 것이다. 그가 활동해온 〈노들야학〉의 영향도 빼놓을 수 없다. 장애 당사자들과 함께 공부하고 실천하는 과정에서 그는 '장애인 정체성'을 강하게 의식하며 정치적 자의식을 길러왔을 것이다. 반면, 페미니즘적 연대의 경험이나 연령 차별에 대한 비판적 감각은 상대적으로 주변화되었을 수도 있다. 그가 살아온 시대가 젠더와 연령 규범을 아직 문제로 여기지 않던 시기였다는 점도 이러한 차이의 원인일 수 있다.

이 시집은 제도 밖에 놓인 존재의 발화라는 점에서 울림을 준다. 시인은 정식 문단에 소속되지 않은 채, 공동체와 삶의 자리에서 쓰기를 시작했고, 그 언어는 시의 규범보다는 생의 경험과 감각에 뿌리내리고 있다. 그 중심에는 장애라는 정체성이 자리 잡고 있으며, 바로 그 정체성에 의해 그는 발화하는 존재가 될 수 있었다. 자신의 존재가 어떻게 지워지고, 들리지 않는 자리에 붙박이게 되었는지를, 자신에게 허락되지 않은 자리에서 말하는 자가 바로 그다.

물론 그의 언어가 모든 교차된 억압을 동일하게 감각하고, 말하고 있지는 않다. 그렇기에 이 시집은 완성된 응답이라기보다, 무엇이 말해지고 무엇이 침묵 당하는지를 묻는 질문으로 읽을 수 있다. 그는 이미 장애라는 삶의 조건을 언어로 번역하는 가능성을 보여주었고, 바로 그렇기 때문에 이 시집은 앞으로 그가 어떤 감각을 새롭게 발명해 낼 수 있을지, 그리고 말해지지 않았던 정체성과 경험들을 어떻게 언어화할 수 있을지 기대하게 만든다. 아직 쓰이지 않은 그 말들을 기다리는 일, 그것이 이 시집을 읽는 우리의 몫일지도 모른다.

추천글

슬프고 아픈 날 정숙 언니의 시를 읽으면 자장가를 듣는 것처럼 마음이 이완되는 것 같다. 웃길 때 크게 웃듯이 슬플 때도 그저 힘껏 울면 된다고, 슬픔도 외로움도 정직하게 직면하면 더 깊은 삶을 살뜰하게 살 수 있을 거라고 가만히 읊조리는 언니의 노래를 들으면, 내일은 기운 내서 쓰디쓴 입을 위해 달콤한 치약을 사러 갈 마음이 드는 것이다.

_홍은전(작가/기록활동가)

정숙 누나는 풍선처럼 웃는다. 그런데 그 웃음 한 귀퉁이를 찌르면 눈물이 쏟아져 나온다. '눈을 머리에 이고도 화사하게 웃는 복수초' 같은 사람. 시를 배우지 않아도 시인인 사람이 있다. 박정숙이 그렇다.

_고병권(작가/노들장애학궁리소 회원)

그녀를 보면 프랑스영화 '레이스를 뜨는 여자'가 떠오른다. 밝은 창가에서, 희미한 불빛 아래에서 고요히 뜨개질하던 모습. 정숙 님이 그렇다. 쉼 없이 꼼지락꼼지락 뜨개질하고 종이를 접고 수를 놓고 매듭을 지으면 그녀의 손끝에서 끊임없이 어떤 형상들이 탄생한다. 그녀의 시들은 그녀 손끝에서 피어난 삶의 뜨개질 작품, 늘 감탄이다.

_박김영희(장애인차별금지추진연대 상임대표)

'정숙 언니'는 통째로 고유명사다. '그늘 없는 자갈밭'에 박힌 사나운 조각을 꺼내 시로 빚는다. 정숙 언니의 시를 읽다가 울음이 터지긴 했지만 슬퍼할 일은 아니었다. 책갈피 삼아 남겨두고 다음 장을 넘기니, 팔 벌려 세상을 품은 정숙 언니가 보였다.

_한광주(장애학 연구자)

통증일기를 통해 박정숙의 삶을 만난다. 박정숙을 만나 함께 사는 삶을 배운다. 공허한 광야에서 노란들판의 꿈을 그녀와 함께 꾼다.

_박경석(김포장애인야학 교장)

정숙은 힘이 세다. 정숙은 선하게 진득하다. 언니는 거친 황무지에서 별을 길어 올린다.

_종환(문화예술노동자)

통증일기

초판 1쇄 인쇄 2025년 7월 1일
초판 1쇄 발행 2025년 7월 15일

지은이 박정숙

발행인 양수빈
펴낸곳 끌레마
등록번호 제313-2008-31호
주소 서울시 종로구 대학로 14길 21 (혜화동) 민재빌딩 4층
전화 02-3142-2887   팩스 02-3142-4006
이메일 yhtak@clema.co.kr

ⓒ 박정숙, 2025
그림(본문 일러스트) 김재수

ISBN 979-11-89497-66-8 (03810)

- 값은 뒤표지에 표기되어 있습니다.
- 제본이나 인쇄가 잘못된 책은 구입한 곳에서 바꿔드립니다.